D1726901

Forbidden Places

Explorations insolites d'un patrimoine oublié

Sylvain Margaine

Textes de David Margaine

Jonglez

Introduction

Univers oubliés. Ruines non recensées.
Impasses d'une société de consommation.
Aujourd'hui, il est moins coûteux de repartir de zéro que de rénover ou de restaurer.

Cette incursion dans les ruines contemporaines n'est qu'un bref aperçu d'un travail commencé il y a plus de dix ans.
Le but a d'abord été documentaire; l'esthétique liée à l'abandon s'est imposée naturellement. Finalement elle a pris une part prépondérante dans la démarche.

Friches industrielles, châteaux en déshérence, églises, hôpitaux ou couvents désertés... Autant de sites délaissés après délocalisation, faillite, héritage ou sort malheureux.
Certains lieux ont croisé la grande histoire. D'autres sont le résultat de projets pharaoniques qui n'ont jamais été accomplis, le fruit de caprices courant sur quelques décennies de grandeur avant de sombrer dans l'oubli.

La moitié d'entre eux n'existe déjà plus. Pour d'autres, le temps en fera son affaire, ou ce seront les bulldozers qui s'en chargeront.
Seule une petite partie, sauvée de la destruction, devrait renaître après de lourds travaux.

Bon voyage de l'autre côté du miroir de nos sociétés industrielles, au cœur de mondes à l'abandon.

Sylvain Margaine, février 2012

Sommaire

Pour Hector et Sidonie, futurs explorateurs....

Le sanatorium de Beelitz

Potsdam, Allemagne

Le sanatorium de Beelitz

Beelitz, soin des âmes et des corps.

Malgré un emplacement soumis au froid glacial, cette cité nichée au cœur de la forêt brandebourgeoise a depuis plus d'un millénaire accueilli toutes les populations qui le désiraient ; pèlerins venant célébrer le miracle de l'eucharistie, soldats (et déserteurs) prussiens puis conscrits de la Bundeswehr établis en garnison... Lieu d'accueil, la cité s'est alors tout naturellement dotée d'un centre hospitalier.

Quelle autre activité pouvait mieux correspondre à Beelitz ?

En 1898, avec la construction de 60 bâtiments, Beelitz-Heilstätten devient l'un des plus grands sanatoriums existant.

Avant les antibiotiques, la fraîcheur de l'air balayant cette plaine devait alors paraître comme un gage de salubrité et de bien-être. Par ailleurs, tout avait été conçu pour assurer la quiétude des résidents : balcons et terrasses pour chacun des pavillons, patios disséminés au gré des promenades sylvestres, salles de sport, multiples chaufferies assurant une régulation thermique optimale, cuisine indépendante... L'hôpital disposait même de sa propre centrale électrique, témoin de la démesure du lieu.

L'institut de chirurgie

1914, l'Allemagne entre dans un conflit qui changera la destinée du monde occidental.

Le sanatorium se mue en hôpital militaire.
Il le restera jusqu'à sa fermeture, en 1995.

Nombreux sont ceux qui, atteints durant les combats, viendront suivre une cure de quelques jours ou quelques mois entre ses murs.

Un certain Adolf Hitler, blessé à la cuisse lors de la bataille de la Somme, y séjournera entre octobre et novembre 1916.

1945 après la défaite allemande et le morcellement du territoire germanique, l'état du Brandebourg passe à l'Est.

L'établissement de santé poursuit donc sa destinée pour le compte de l'armée rouge puis soviétique et des pays satellites.

La modernisation se poursuit au fil des années : ascenseurs, salles d'examen, de chirurgie... préservant l'architecture conçue par Heino Schmieden. Les patients russes continueront à y séjourner bien après la réunification, car ce n'est qu'en 1995 qu'ils abandonneront l'hôpital.

La reconversion de ce gigantesque bâtiment est délicate. Au bout de plusieurs tentatives, seuls quelques pavillons ont été réhabilités comme centre de recherche et de réadaptation pour personnes atteintes de troubles neurologiques.

Quant aux kilomètres de couloirs laissés à l'abandon, aux nombreux services délaissés, ils s'enfoncent petit à petit dans l'oubli de la forêt de pins du sud-Berlin.

Le château d'eau et la centrale électrique, fraîchement restaurés

Le sanatorium de Beelitz, Potsdam, Allemagne

Le sanatorium de Beelitz, Potsdam, Allemagne

Le sanatorium de Beelitz, Potsdam, Allemagne

L'école vétérinaire

Ils ont été les vedettes du lieu.

C'est une habitude à prendre.

Se sentir regardé, observé, épié.

Disséqué.

Au bout de quelques années, ils ont commencé à y prendre goût !

Côtoyer en permanence étudiants, futurs vétérinaires, savants en devenir, forcément, ça vous rejaillit un peu dessus.

Ils ont donc été d'une tenue exemplaire !

Quand la faculté a été délocalisée, ils n'y ont pas cru et sont restés à garder l'un des vingt pavillons de l'ensemble.

Au placard ?

Après trente ans de loyaux services ?

Impossible !

Ils le savaient, la beauté des façades néoromantiques ne pouvait qu'attirer à nouveau les projecteurs.

L'école vétérinaire, Bruxelles, Belgique

L'école vétérinaire

En 1990, les chercheurs sont immobiliers et l'ensemble architectural est progressivement racheté pour être reconverti en lofts.

Qui aura le courage d'exproprier les derniers habitants ?

Peut-être aussi vieux que les bâtiments eux-mêmes.

Un siècle et toujours aussi frais ?

Spécimen animal expérimental marinant dans du formol, ça conserve...

L'école vétérinaire, Bruxelles, Belgique

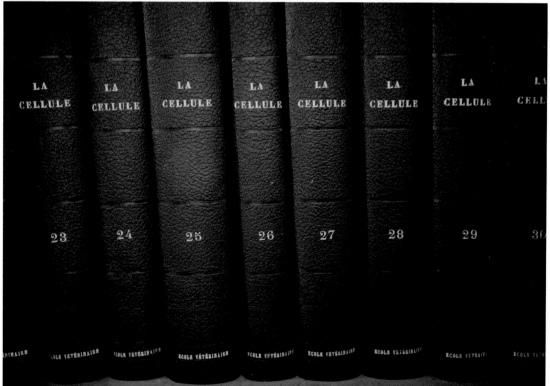

L'école vétérinaire, Bruxelles, Belgique

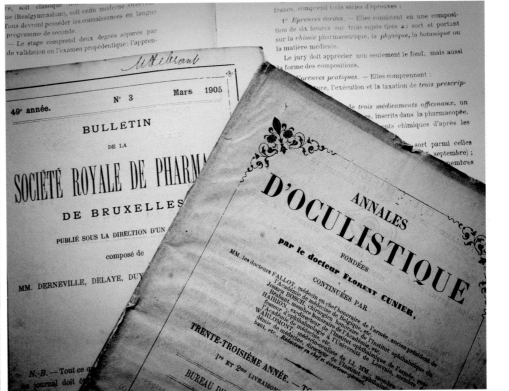

« En raison de l'exigüité des locaux, la salle de lecture est ouverte <u>UNIQUEMENT</u> pour la consultation des revues »

L'école vétérinaire, Bruxelles, Belgique

Chez Madame La Baronne

Voulez-vous un bain avant de passer au salon ?
Prenez votre temps et mettez-vous à l'aise, Madame la Baronne est très patiente.

Vous n'avez pas apporté de nécessaire de toilette ?
Ne vous en faites pas, vous trouverez sur place tout ce qu'il vous faut.
Certes, les ustensiles sont un peu, comment dire,
hors d'âge.

Mais par souci de commodité, tout a été laissé à votre portée.
Ici, vous savez, rien n'a changé.
Alors ne vous étonnez pas si le mobilier est un peu défraîchi.

On vit à l'ancienne, vous savez.
En revanche, si vous souhaitez vous reposer, vous serez comblés.

Le calme absolu.

La domesticité ne vous perturbera d'aucune façon.
Elle a d'ailleurs quitté les lieux depuis fort longtemps.

Si vous ne craignez pas la poussière, vous pourrez vous allonger en toute quiétude dans des lits.
Et des draps
D'époque.

Chez Madame La Baronne, Îles Anglo-Normandes

Chez Madame La Baronne

Vous l'avez constaté, Madame la Baronne possède un bien vaste domaine.

Depuis le décès de son mari, cette grande dame poursuit sa mission d'hospitalité avec la plus grande fidélité.

Pour elle, rien n'a fondamentalement changé depuis le temps des salons et des réceptions.

C'est à croire que sa maison poursuit avec la même rigueur cette noble tradition.

Rien n'a bougé.

Seul le temps a passé.

Et s'est installé, perpétuel invité, dans les corridors poudreux de la maison délaissée.

Seule reste la Baronne qui, année après année, veille encore sur sa demeure qui s'endort.

Vous prolongerez bien votre séjour pour la nuit ?

Chez Madame La Baronne, Îles Anglo-Normandes

Chez Madame La Baronne, Îles Anglo-Normandes

Le pré-métro d'Anvers

Le métro dort encore
D'un sommeil allant s'allégeant.

Au fil des ans le béton lui donne vie.

Encore une galerie qui se greffe.

Et le réseau s'agrandit.

Hors sol ou enfouies, les motrices drainent leurs passagers
toujours plus loin,
toujours plus profond.

Les lignes creusées depuis trente ans et celles à percer
vont finir par converger aux racines même de la cité
d'Anvers.

Quête inconsciente des origines ?

Le caractère outrancièrement urbain de l'ouvrage
ressemble à un plongeon au cœur de notre civilisation.

Le pré-métro d'Anvers

C'est la terre que l'on perce et pourtant c'est elle que l'on masque.

Enluminée, vernie, polie.

Comme pour la faire oublier.

Qu'y a-t-il à cacher aux voyageurs pressés qui se ruent dans des rames toujours sur le départ ?

Peut-être leur condition d'humains qu'eux-mêmes ont déguisée sous leurs costumes de citadins.

Trop propres, trop sains.

Dans le respect de protocoles tacites admis et respectés par les membres de la communauté.

Heureusement, il y aura toujours un avant, pré-métro, bardé d'échafaudages et de ciment coulé et des après, lignes fermées laissées à elles-mêmes et à l'abandon.

Il se trouvera bien alors un photographe de traverse pour nous rappeler que ces projets ne sont qu'une égratignure, témoin éphémère de notre passage sur terre.

Le pré-métro d'Anvers, Anvers, Belgique

Le pré-métro d'Anvers, Anvers, Belgique

L'hôpital de la Marine

Rochefort, Charente-Maritime, France

Le portail principal, classé

Un sacerdoce.

L'habituelle routine d'un travail journalier ne les a jamais concernés.
Ils ont préféré la Nation,
ou leurs ambitions,
à une vie passée à stagner dans la même maison.

Ils ont choisi de s'engager et de s'embarquer pour lutter.

Au mieux contre les vents et les marées.

Désireuse d'adoucir les maux de ceux qui lui étaient dévoués, la patrie s'est dès le XVIIe siècle dotée d'établissements de soins de très grande qualité.

Les militaires de retour d'expéditions exotiques, tout comme les charpentiers préparant leurs navires, étaient soignés à l'hôpital maritime de Rochefort, avec une prise en charge décrite comme la meilleure possible pour l'époque.

Outre la présence d'équipes compétentes, la convalescence était d'autant plus douce que tout avait été conçu pour apaiser ces jours de peine.

L'hôpital de la Marine

L'esthétique architecture pavillonnaire favorisait le passage des rayons du soleil. Pour le bien-être des internés. Pour ceux qui n'avaient plus d'autre espoir de salut, l'édifice comportait une paroisse et deux chapelles.

Le fait que cet établissement ait abrité la première école de médecine militaire d'Europe et la plus ancienne de médecine navale au monde témoigne de son importance.

Tout comme les patients, les futurs médecins étaient choyés : on trouvait sur place un hébergement conséquent, mais aussi la possibilité d'étudier avec une bibliothèque comptant des dizaines de milliers d'ouvrages et une vaste salle d'enseignement.

L'hospice s'est modernisé au fil des années sans perdre sa beauté initiale.
Ne correspondant plus aux standards de l'hygiène contemporaine, l'hôpital cessa toutefois de fonctionner en 1983.

La construction, saine dans ses fondations, trouva un acquéreur qui la découpa en multiples habitations.

Non classé, une partie de l'ensemble reste encore à pourvoir.

Espérons qu'un juste repreneur viendra au chevet de ces fractions avant qu'il ne soit trop tard.

L'hôpital de la Marine, Rochefort, Charente-Maritime, France

L'hôpital de la Marine, Rochefort, Charente-Maritime, France

L'hôpital de la Marine, Rochefort, Charente-Maritime, France

L'asile de Cane Hill

La dentisterie

Ses larges couloirs s'étalent dans l'espace et le temps.
Pendant 120 ans, Cane Hill a contenu la démence de ses résidents.

Jusqu'à 2000 simultanément.
Depuis sa création en 1882, il a vu évoluer leur prise en charge.
De l'hébergement asilaire collectif à la cellule d'isolement.
De la douche froide à la camisole chimique.
Du pieux recueillement à l'exutoire artistique.
Cet hôpital a tout vu et a été reconnu.
De premier plan.

Sur les registres ont été notés les noms d'illustres patients :
Obéissant à la devise de l'établissement, Mme Chaplin mère,
M. Bowie frère ont ainsi cherché à y soulager leurs esprits troublés.
Difficile de rester indéfiniment à la page...
L'étendue du site et le nombre important de structures le composant ont fini par peser trop lourd.
Les patients sont peu à peu partis vers des établissements plus modernes.
Le centre ferme ses portes dans les années quatre-vingt-dix.

Durant une décennie, il est laissé à l'abandon.
Au cours de cette période, il devra faire face à l'assaut des flots puis des flammes.
Était-il mal placé ou malchanceux ?
Les tentatives de reclassement ou de reconversion échouent les unes après les autres.
Il n'y a pas d'avenir pour ce pan de l'histoire de l'Angleterre.
Ce sont finalement les engins de chantiers qui auront eu raison de Cane Hill.

L'asile de Cane Hill, Coulsdon, London Borough of Croydon, Angleterre

L'asile de Cane Hill, Coulsdon, London Borough of Croydon, Angleterre

La chapelle de l'hôpital

Le Château Bijou

Labastide-Villefranche, Pyrénées-Atlantiques, France

Comme les grands !

Née gentilhommière en 1763, cette demeure s'est progressivement parée de tout ce qu'il faut pour mériter son nom de château : fresques, piliers en marbre et chapelle néogothique à vitraux multicolores. Ces ajouts, réalisés au XXᵉ siècle, nuisent quelque peu à son authenticité...

Niché au cœur de la campagne béarnaise, bordé d'un lac et d'un très agréable parc orné de multiples fontaines, le château Bijou a servi de lieu de villégiature à sa dernière propriétaire, madame Combes.

Après sa disparition, le domaine a continué à être entretenu, puis a été racheté par une mutuelle. Des policiers en congé auront, jusque dans les années quatre-vingt-dix, le privilège de profiter de cet écrin architectural. Abandonné, le château Bijou sera successivement vandalisé, pillé, puis victime d'un incendie.

Ne voulant pas laisser cette construction insolite finir de s'effondrer, la population locale parviendra à faire classer l'ensemble du domaine comme monument historique en 2008.

Depuis, le petit palais est l'objet de plusieurs projets.

La persévérance se retrouve parfois récompensée.

Le Château Bijou Labastide-Villefranche, Pyrénées-Atlantiques, France

Le Château Bijou Labastide-Villefranche, Pyrénées-Atlantiques, France

La petite chapelle du domaine

Le Château Bijou Labastide-Villefranche, Pyrénées-Atlantiques, France

Le Château Bijou Labastide-Villefranche, Pyrénées-Atlantiques, France

Le fort de la Chartreuse

Liège, Belgique

Soldats du 123ᵉ régiment des troupes de transmission, on attaque votre baraquement liégeois.

À vos rangs.
Rappelez-vous.

1870.
Destiné à protéger les forces hollandaises, il n'a jamais servi que comme caserne,
mais c'était la vôtre.

Affirmatif.

On vous l'a ravi en 1914.
Vous l'avez récupéré.

Reperdu lors du conflit suivant,
notre bras allié l'a arraché aux Allemands dès 1944.

En accord avec notre sens de l'honneur, nous avons permis à nos camarades d'y installer leur « 28th General Hospital US Army » pendant un temps.

Puis on y a déposé à nouveau nos paquetages.

On n'y était pas bien ?

Le fort de la Chartreuse, Liège, Belgique

Le fort de la Chartreuse

Les vestiges des cachots allemands plombaient le moral des moins chevronnés, mais était-ce une raison pour lever le camp ?

Négatif.

On servait la nation et on savait vivre.
Preuve en est les fresques laissées par nos engagés de l'époque.

Alors déserter la caserne pour la laisser pourrir, moi, ça ne me plaît pas du tout cette affaire.

Un temps pour tout à ce qu'il paraît.

Ce que je vois, c'est que ce satané temps est en train de gagner.

Et pour le fort, c'est la débandade.

Les prisons du fort

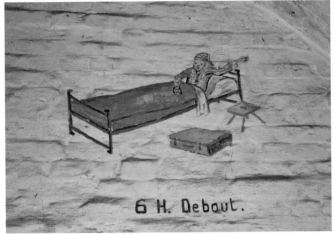

6 H. Debout.

6 H. 15.

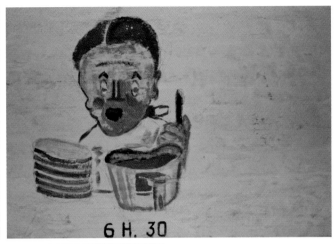

6 H. 30

7 H. 45

10 H.

22 H. Au lit.

La journée d'un pékin

Le fort de la Chartreuse, Liège, Belgique

Le fort de la Chartreuse, Liège, Belgique

La seconde prison de la chartreuse, plus récente.

Le fort de la Chartreuse, Liège, Belgique

La gare de Canfranc

Le quai français

« Les Pyrénées n'existent plus ! »

Les montagnes se seraient-elles vengées de tant de prétention, réaffirmant leur immobile supériorité face à l'agitation humaine ?

Cette invective lancée en 1928 par le roi d'Espagne Alfonso XIII lors de l'inauguration de la gare internationale de Canfranc ne lui a guère porté chance.

Une vingtaine d'années de travaux, autant de tractations internationales, des prouesses techniques jusqu'alors jamais réalisées pour arriver à relier deux pays autour de cette station, la plus grande d'Europe.

Le défi lancé à la montagne semblait remporté !

Mais malgré ses trois étages, tout en marbre, pierres arrachées aux sommets, verre, acier et béton armé, le bâtiment ne peut se targuer d'avoir atteint les objectifs pensés par ses constructeurs.

Dès le début, les guichets en bois n'attirent pas la foule espérée. Le contexte de crise internationale qui enveloppe le monde occidental des années 1930 a probablement joué en sa défaveur.

Au fil des ans, les tensions augmentent.

1936, la guerre s'installe en Espagne.

Le trafic est interrompu, les tunnels sont murés.

La gare de Canfranc, Canfranc, Aragon, Espagne

La gare de Canfranc

La voie ferrée reprend du service avec la reddition de l'armée républicaine et acquiert une certaine importance, cette fois au service de l'occupant allemand : or contre wolfram. Près de 90 tonnes en lingots destinés à l'achat de ce minerai, indispensable à la production d'armes ont ainsi transité par Canfranc.

En contrepartie, les wagons ont aussi servi à acheminer résistants, réfugiés et militaires alliés.

Las, l'armistice signé, le général Franco, qui craint les infiltrations, clôt la ligne.

- Deuxième interruption -

Elle est néanmoins rouverte dès 1948.

Avec l'Europe qui s'apaise et entame sa construction, on pourrait penser que Canfranc et sa gare vont enfin pouvoir tourner à plein régime. Le lieu comporte plusieurs restaurants, un vaste hôtel de luxe, des bureaux et même une infirmerie qui ne demandent qu'à servir. Malheureusement, tout ne fonctionne pas comme sur des roulettes. La voie est principalement empruntée par une clientèle locale, fort mécontente des temps d'attente et des procédures liées au passage de la frontière : à chaque arrêt, hommes et bagages doivent changer de train pour cause d'incompatibilité de rail !

La ligne n'est pas rentable.

Les équipements sont mal entretenus, des relais alimentant la ligne sont même enlevés pour aller équiper des lignes alpestres.

Canfranc n'est pas le point nodal qu'on avait imaginé.

La salle des pas perdus

Le buffet de la gare

Vendredi 27 mars 1970. La vallée d'Aspe disparaît sous la neige. Les rails sont recouverts de givre. En raison des conditions climatiques calamiteuses et du mauvais état des installations ferroviaires, le train de marchandises 4227 parti le matin de Pau se met à patiner, puis est emporté dans la forte pente qu'il essayait de gravir. Il finira sa course dans le gave d'Aspe après avoir arraché le pont métallique de l'Estanguet. Miraculeusement, cet accident ne fait aucune victime.

La ligne, elle, ne s'en remettra jamais.

Par opportunisme ou en raison de réelles difficultés, le pont ne sera jamais réparé. Plus aucun train ne traversera les Pyrénées pour aller jusqu'à Canfranc.

Ouvert à tout venant, l'immense bâtiment tombe rapidement en désuétude. Sur des tronçons de rails, quelques wagons orphelins attendent encore un improbable départ sous le regard éternel des monts enneigés.

La gare, elle, est dévastée.

Terminus ?

C'était sans compter sur sa beauté : le mélange de classicisme et d'Art nouveau d'influence française, les proportions impressionnantes - 75 portes sur chaque côté, « plus de fenêtres qu'il n'y a de jours dans l'année » - la magnificence du hall central séduisent des promoteurs. Début 2006, les bulldozers investissent les lieux pour des travaux de rénovation.

Si tout se passe bien, un projet visant à transformer la gare en complexe de luxe comprenant hôtel de standing, patinoire, casino devrait voir le jour.

La station est donc sauvée.

Quant à la ligne, son destin reste encore suspendu aux scrutins à venir...

La gare de Canfranc, Canfranc, Aragon, Espagne

L'hôpital d'Hudson River
état de New York, États-Unis

Trente ans.
Un travail de fou pour bâtir l'hôpital d'Hudson River selon les plans du Dr Kirkbride.
Le coût exorbitant de sa réalisation ne permettra pas de respecter tous les canons de cette architecture thérapeutique.

La grandeur et la majesté supposées contribuer au traitement des patients se retrouvent néanmoins dans les proportions généreuses des bâtiments de style néogothique : deux ailes prévues initialement pour être symétriques se font face.
Chacune peut loger 300 patients.
L'une des hommes,
l'autre, finalement plus courte, des femmes.
Pour les séparer, une chapelle.

Le risque de promiscuité propre à échauffer le sang des patients est ainsi écarté.
Accolée à l'édifice religieux, l'administration.
Autour, la verdure.

Des pavillons construits pour accueillir des patients présentant des troubles parfois importants sont disséminés dans le parc.
L'ensemble est pensé pour permettre le repos de ses résidents.

En 1871, année d'ouverture, 40 personnes sont internées.
Quatre-vingts ans plus tard, 6000 patients sont traités à Hudson River.

L'hôpital d'Hudson River

La construction a ruiné ses promoteurs, son fonctionnement est tout aussi dispendieux.
Les coûts de chauffage, de l'adduction d'eau, et de l'entretien équivalent à ceux d'une ville respectable.

Avec l'avènement de nouvelles approches en psychiatrie, les patients sont moins systématiquement hospitalisés. L'administration en profite pour fermer des services. Ils seront laissés l'un après l'autre à l'abandon avec le départ progressif des internés.

À la fin des années 1970, les deux principales ailes sont fermées.
Le déclin devient inexorable.
Toutefois rien n'est détruit.

Dans les années quatre-vingt-dix, un établissement psychiatrique plus moderne et plus rationnel ouvre dans les proches environs.

Dix ans plus tard, Hudson ferme ses portes.

Vaste et encore imposant, l'immeuble est revendu pour être réaménagé en appartements et en zone commerciale.

En 2007, lorsqu'un incendie détériore une des ailes déjà bien abîmée par des années d'abandon, aucun travail de réhabilitation n'est entamé.

En attendant un avenir incertain, le lieu sert de champ de tir aux patrouilles de police.

L'ordre y règne enfin.

L'hôpital d'Hudson River, état de New York, États-Unis

L'hôpital d'Hudson River, état de New York, États-Unis

L'hôpital d'Hudson River, état de New York, États-Unis

L'hôpital d'Hudson River, état de New York, États-Unis

L'hôpital d'Hudson River, état de New York, États-Unis

L'hôpital d'Hudson River, état de New York, États-Unis

Les casemates de Maastricht Maastricht, Pays-Bas

Maastricht,
Le nœud de l'histoire.
Un pont de départ à la croisée des chemins.
Siège de nombreuses chroniques.
La ville a longtemps été réduite à se protéger.
Des Provinces-Unies, des Hollandais, des Espagnols, des Français...
Autant d'agressions qui ont fait de Maastricht une place forte aux multiples enceintes.
Les premières murailles datent de l'Empire romain. Au fil des siècles et des conflits, les fortifications se sont modernisées et ont permis à la cité de résister aux assauts des belligérants.

Élément capital de la stratégie militaire, la maîtrise du sous-sol permettait d'élaborer des tactiques de protection, d'observation, d'approche, voire de préparation à l'assaut.
Sous terre, de nombreuses galeries formaient un réseau élaboré.
Circulation parallèle.
Propices aux plus fourbes stratagèmes.

La qualité de la construction des couloirs, en briques et en marnes témoigne de l'importance de ces boyaux.
On y a passé du temps.
On en a croisé des gens.
Restent des inscriptions,
une date, un nom...
W. Hofman, 1724, gravé à la va-vite au pied d'une voûte sise à un croisement.

Les casemates de Maastricht

Des kilomètres d'aventures, puisards, chausse-trappes, avec contre-mines et explosifs.
On atteignait de part en part des casemates, abris temporaires des soldats fatigués et points névralgiques de ces chemins ensevelis.
L'art de la guerre passe par des voies changeantes.

N'ayant plus désormais qu'à se protéger d'elles-mêmes, ces casemates furent démantelées en 1868.
Mais l'heure de gloire des cavités maastrichtoises n'était pas terminée. De 1941 à 1944, le souterrain se dota de bunkers qui accueillirent plus de 30 000 civils venus se protéger des bombardements aériens. Le reste du tracé continuait de servir les ruses militaires des alliés embusqués.

Aujourd'hui, temps de paix, les guides qui ont remplacé les fantassins promènent les tranquilles visiteurs dans les couloirs qui leur sont ouverts.

Seule une partie est accessible aux chalands.

Gare aux errants. De nombreux systèmes de défense souterrains ont été disséminés dans le dédale ténébreux des conduits occultés : poudrières dissimulées, routes barrées par des portes à sens unique...

Les souterrains de Maastricht ne semblent pas encore prêts à se rendre aux assaillants.

Graffiti célébrant la victoire des forces alliées

Les casemates de Maastricht, Maastricht, Pays-Bas

Les casemates de Maastricht, Maastricht, Pays-Bas

Il paraît...

Du moins,
il se murmure.

D'une bouche à une oreille.
Juste à son voisin
Qui transmet seulement à ses proches
Toujours tout bas.

En tout cas, le résultat est tangible :
La demeure est bel et bien vide.

Et renferme un secret qu'on ne saurait qualifier de
pieusement gardé.
Trop ?

Comment ne pas se laisser gagner par la lourdeur de
l'atmosphère ?
Dans chaque pièce flotte un sentiment d'outrance.

Déraisonnable.

Comment dévoiler l'occulte de ce foyer qui s'est lui-même
retiré du présent ?

La Villa Sainte Marie, Grand Duché du Luxembourg

La Villa Sainte Marie

Tout semble pourtant à sa place.
Le lit dressé,
les bibelots rangés,
les bouteilles classées.

Tout paraît ordonné,
Garé,
Gardé ?

Le regard christique omniprésent ne peut laisser la conscience tranquille.

Chaque pièce transcende notre perception de la foi.

Le temps d'un cliché, on essaie de ne pas se laisser impressionner.

La visite terminée, on quitte Sainte Marie soulagé,
Presque comme poussé dehors.

Laissant ce logis retrouver son silence mutique, on part sans avoir pu élucider ce qui s'y est réellement passé.

Un malheur ? Un secret ?

Serait-il bien prudent d'être dans la confidence ?

Dieu seul le sait...

La Villa Sainte Marie, Grand Duché du Luxembourg

La Villa Sainte Marie, Grand Duché du Luxembourg

La Villa Sainte Marie, Grand Duché du Luxembourg

La Villa Sainte Marie, Grand Duché du Luxembourg

La Villa Sainte Marie, Grand Duché du Luxembourg

Les forges de Clabecq

C'est comme si la terre mourait.
Faute d'alimentation.
Fini l'acier, la mitraille.

La machine déraille,
La région défaille.

Après avoir crû durant 350 ans, étendu ses bras d'aciers
sur 80 hectares, la forge s'essouffle.
Clabecq est en train de rendre l'âme.

Le territoire Brabant a pourtant tout fait pour le bien-être
de sa mécanique.
Le moteur avait soif ?

Sous les ordres de Napoléon 1er, les flots étaient détournés
et charriés jusqu'à ses pieds.

On les croyait alors d'airain.
Pour une aciérie, qui pouvait penser qu'en fait, ils étaient
d'argile ?

Il fallait nourrir les boyaux, gorger les conduits de matière
et d'énergie.
Les organes moteurs se sont donc rassasiés de vent, de
charbon, de vapeur et de la sueur des hommes.
Tous asservis à son développement.

Les forges de Clabecq, Tubize, Brabant Wallon, Belgique

Les forges de Clabecq

1850, la « Fonderie et platinerie de fer » d'Édouard Goffin
prend son essor.
Les hauts-fourneaux s'élèvent encore.
Un peu plus.

L'acier se transforme en argent.

Il se vend au-delà des frontières.

Le métal rougi, brûlant matériau fusionné dans les
laminoirs, coule sur la terre entière.
Bateaux, chemins de fer...

Facile de vivre, quand il y a une demande à satisfaire.

Mais,
Un siècle passe.
Changement d'ère.

Ce n'est plus du concret qui s'exporte
mais de la main d'œuvre qu'on externalise.

Les machines sont revendues comme un vulgaire
machin.
Les forges n'ont plus le moral.

Ouvriers contre banquiers.
Est-il nécessaire de développer ?

Les forges de Clabecq, Tubize, Brabant Wallon, Belgique

1993, le pays se mobilise pour sauver ce complexe, mais les années de lutte ne servent à rien : trois ans plus tard, l'usine tombe en faillite.

Après son classement par l'État en site d'activité économique désaffectée, le lieu est promis à une prochaine destruction.

Dernier engagement : l'abandon.
Comme si l'oubli était nécessaire.
Clabecq ne forgera pas les mémoires des prochaines générations.

Les forges de Clabecq, Tubize, Brabant Wallon, Belgique

Les forges de Clabecq, Tubize, Brabant Wallon, Belgique

Les forges de Clabecq, Tubize, Brabant Wallon, Belgique

Les forges de Clabecq, Tubize, Brabant Wallon, Belgique

Les forges de Clabecq, Tubize, Brabant Wallon, Belgique

Le couvent de Lorette

Nord, France

Mes bien chères sœurs,
Soyez sans crainte.
Nous avons choisi de suivre les ordres de Notre-Dame de Lorette, gardons foi en sa parole.

Le miracle du transport de la maison de Nazareth qu'elle relate devrait nous rassurer : l'histoire du cortège d'anges soulevant la demeure de Marie pour l'éloigner des Sarrasins trouve écho en ce lieu.

Après plus d'un siècle au service des autres et de leur instruction, notre couvent a fermé.

Les portes que nous avions closes ont été dérobées ?
Ce n'était qu'une épreuve, on les a retrouvées.

Ce n'est pas sans raison si, depuis 1850, notre construction a été préservée.

Même si les volontés du Tout-Puissant doivent s'exprimer à travers le porte-monnaie d'un promoteur ou les plans d'un architecte.

Croyez-moi, notre couvent décline mais ne périra pas.

Le couvent de Lorette, Nord, France

Le couvent de Lorette, Nord, France

La prison de Newark

Pour avoir séquestré des personnes au prétexte de leur culpabilité.

Pour avoir maintenu sous clef une population croissante d'individus dans des conditions dégradantes.

Pour avoir concentré plus de 2500 détenus sur trois étages, les avoir empilés sans le moindre souci d'intimité ni d'humanité.

Pour avoir empilé pierre et acier à la seule fin de contenir un peu plus encore les résidents engeôlés.

Pour avoir exercé ce droit depuis 1837 sans aucune chance réelle de réadaptation pour les occupants.

Pour avoir, par laxisme, permis que perdurent et se reproduisent les schémas extérieurs :
- De rapports violents et discriminatoires
- De trafic de substances psychotropes
- De hiérarchie clanique pour les Afrikan National Ujaama, Crips, Trinitarios, Latin Kings, Five Percenters et autres gangs présents dans le New Jersey
- D'accès minimal aux activités culturelles

La prison de Newark, Newark, état du New Jersey, États-Unis

La prison de Newark

Pour avoir sous couvert d'application des jugements organisé des homicides par différents moyens selon les époques d'exécution des sentences.

Enfin, pour avoir continué à héberger après 1970 de façon totalement illégale, sous forme de « squat », trafiquants et consommateurs de substances illicites une fois toute mission officielle terminée.

L'établissement pénitentiaire de Newark devra être condamné à être abandonné à lui-même et à sombrer dans une rapide mais méritoire décrépitude.

Qu'il en soit ainsi.

La prison de Newark, Newark, état du New Jersey, États-Unis

Derrière les cellules, les toilettes

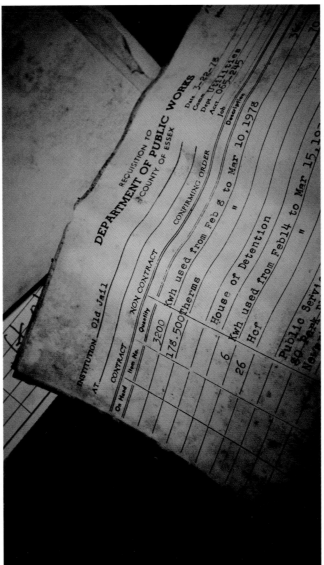

Le cimetière de locomotives

Une motrice silencieuse stationne sur ses essieux.
Le faisceau des voies semble l'avoir délaissée parmi les herbes qui poussent et épousent ses contours.
Si on la dépasse et que l'on suit les rails, on s'aperçoit que d'autres monstres motorisés lui succèdent.

Buffalo, Edelweiss, Pacific,
Tous figés dans un sommeil d'acier.
Remisés en série dans des hangars glacials, ils patientent vainement pour un improbable retour de tension.
Hertz n'est plus au rendez-vous.

Esseulés face à un heurtoir de bout de quai, certains s'oxydent de ne plus pouvoir actionner leurs bielles.
À l'opposé gisent les wagons au standing illusoire.
Qu'importe leur classe.
Il est désormais difficile d'en imposer aux courants d'airs, ultimes et fugaces visiteurs.

Ils sifflent un bref instant sous les glaces de la voiture-salon puis filent sans façons sur le ballast de la station, indifférents à ces aguicheuses prestations.

Près de la sortie, une dernière locomotive, voiture-balai, contemple tristement une traverse qu'elle ne franchira plus jamais.

Le doute n'est plus possible.
Nous avons découvert le cimetière de l'espèce ferroviaire.

Le cimetière de locomotives, Belgique

Le cimetière de locomotives, Belgique

Le cimetière de locomotives, Belgique

Le fort du Portalet

Col du Somport, Pyrénées-Atlantiques, France

Le petit portail.

Creusé au flanc des Pyrénées, dessinant le col du Somport, il reflète l'ambivalence des liens qui peuvent se tisser entre homologues transfrontaliers.
On ne sait jamais qui a réellement commencé...

Le fortin de Poutou, ancêtre médiéval du fort du Portalet fut d'abord conçu comme poste de péage en réponse à celui installé par les voisins ibères quelques kilomètres plus loin.

Ce rôle perdure jusqu'en 1789, date à laquelle le fort se mue en poste militaire, précieux auxiliaire qui protège le passage menant aux Pyrénées françaises durant les guerres d'Espagne du siècle suivant.

1842, Louis Philippe ordonne la construction d'un nouveau fort quelques centaines de mètres plus loin.

Les reliefs escarpés freinent son édification sans toutefois l'empêcher. 2200 m² de bâtiments, 700 m² de galeries taillées à même la montagne.

Se voulant inexpugnable, la bâtisse n'est reliée à la route qu'elle surveille que par un seul accès : le pont d'Enfer. Cette passerelle de pierre à deux arcs centrés enjambe le gave d'Aspe qui dévale plusieurs centaines de mètres au-dessous.

C'est au 18ᵉ Régiment d'Infanterie de la ville de Pau que sera attribuée la charge de l'occuper.

Le fort du Portalet

La vallée est encaissée,
Le fort épouse ses reliefs.

Ses différents ensembles : le corps de garde, la caserne, le pavillon des officiers et le magasin à poudre s'échelonnent sur différents niveaux.

Fondu dans le décor, Le Portalet en acquiert aussi les caractéristiques : sombre et humide.

Malgré la beauté du paysage s'offrant à eux, ses occupants n'ont guère suscité la jalousie des visiteurs occasionnels. Certains en vinrent même à plaindre les détenus tant l'atmosphère caverneuse de l'enceinte se faisait pesamment ressentir.

Le plus étonnant est que, désertée par l'armée en 1925, la place servit durant une dizaine d'années de colonie de vacances aux 80 Cadets de Notre-Dame de Bordeaux.

Avec le conflit de 1939-1945, le fort retrouve ses activités martiales et sert de prison politique aux forces de l'Axe. De nombreux détenus seront enfermés dont Blum, Daladier, Gamelin, Mandel et Reynaud.

Libérés par les résistants aspois, ce sera au tour des vaincus d'aller purger leur défaite dans les sinistres cellules. Pétain y demeurera enfermé six mois durant lesquels il aura tout le loisir de méditer sur les conditions d'incarcération de ses ennemis d'hier.

Le fort du Portalet, Col du Somport, Pyrénées-Atlantiques, France

Les relations franco-espagnoles s'apaisent, l'Europe retrouve la paix. En 1962, l'armée décide de se séparer de cet encombrant allié, déclassé par le ministère de la Guerre. Elle le met en vente.

Mauvaise réputation, ou austère configuration, les projets hôteliers de réhabilitation échouent. Dame Nature se retrouve la seule locataire du bâtiment qui périclite.

Il faudra attendre 30 ans avant que les instances officielles ne réalisent l'importance de la préservation de l'édifice, enfin classé monument historique.

L'histoire redémarre donc en 2004 avec les premiers travaux de nettoyage.

Le fort est remis à la page.

Plus question de défendre ou de retenir : Le Portalet ouvrira grand son portail aux touristes avides d'histoire... et de caves noires.

Le fort du Portalet, Col du Somport, Pyrénées-Atlantiques, France

Le fort du Portalet, Col du Somport, Pyrénées-Atlantiques, France

Le fort du Portalet, Col du Somport, Pyrénées-Atlantiques, France

Les cristalleries du Val-Saint-Lambert

Sers-nous donc un godet,
mais pas n'importe quoi,
un Val-Saint-Lambert s'il te plaît.

Du verre, du cristal,
Mais du local.
Du cru.

Crois-moi, depuis 1825, ils ont tout connu.
Le bois, le charbon, la vapeur
Et surtout beaucoup de sueur.
C'est sûr, un paquet s'y sont croisés.
Contents d'être embauchés : le logis, l'école, la caisse
d'épargne, celle pour la maladie, pour la retraite.
On savait s'occuper du personnel.
Et le personnel, lui, maîtrisait bien son affaire.
Du luxe, de la qualité.
Et voilà les produits dans les belles maisons du monde entier.

Les guerres ?
Pas un souci, quand on fait du bon travail.
Il n'y a pas de raison pour que l'entreprise défaille.

À moins que...

Avec les années, on automatise, on progresse. L'usine est
reliée au réseau ferré, elle est autonome quant à son gaz
et son électricité. Même les fours sont faits sur place.

Les cristalleries du Val-Saint-Lambert

Pourtant, l'époque n'est plus à la frime.
Alors on essaie de rationaliser la production avant de la céder aux spéculateurs.
Rien n'y fait, l'essor de la verrerie est brisé.
En août 2008, La SA Cristallerie du Val-Saint-Lambert dépose son bilan.
La fin d'une histoire de 182 ans ?

Il faut croire que non car après trois mois d'âpres tractations, l'entreprise est rachetée.
L'activité peut repartir.

Trinquons donc à sa santé !

Les cristalleries du Val-Saint-Lambert, Seraing, Province de Liège, Belgique

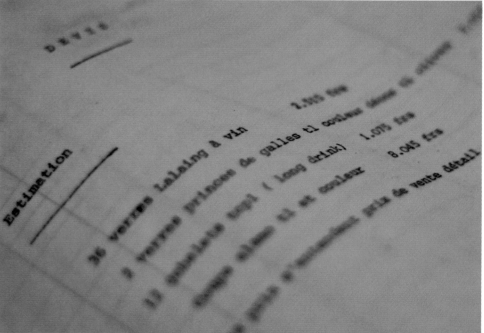

Les cristalleries du Val-Saint-Lambert, Seraing, Province de Liège, Belgique

Kent School

Hostert.

Lieu de recueillement.

Depuis 500 ans que se dressent ces murs pierreux, nombre de communautés s'y sont succédé.

Grâce à de généreuses donations, les moines franciscains y ajoutent au début du XXe siècle une église et une école. Ils y fondent alors un hospice pour invalides et malades mentaux. La communauté vit autonome et prospère, de travaux agricoles. Elle acquiert même une certaine renommée avec les prestations très appréciées de sa chorale.

Hostile à cet ordre religieux, le parti nazi mettra fin à cette heureuse période, accablant de taxes les disciples de saint François. Ceux-ci durent se résoudre à céder une partie de leur propriété à la province.
Il est malheureusement aisé de deviner le sort des patients hébergés par les frères mineurs : le parti national socialiste commença par les stériliser puis il les déporta dans d'autres centres.

S'ouvrit alors « l'unité spécialisée pour enfants » où furent envoyés tous les jeunes déclarés comme anormaux. Le docteur Wesse, assisté de deux infirmières, fut chargé de s'occuper des malheureux qui avaient l'infortune d'atterrir entre leurs mains.

Dissous en 1943, le service fut vidé de ses occupants, envoyés finir leur courte vie dans d'autres unités spéciales.

Kent School

Au total, durant le conflit, près de 500 enfants périrent dans cette institution et plus de 1000 autres y transitèrent avant de rencontrer une fin souvent similaire.

Parallèlement et durant toute la guerre, la communauté religieuse tint les offices du comté sur le domaine.
En 1952, les frères franciscains récupèrent leur propriété. Affaiblis, ils ne peuvent poursuivre leurs activités et louent une partie des bâtiments aux alliés.
Le déclin sonne déjà : la construction d'une église dans les environs met fin aux cérémonies de l'église de Waldniel Hostert.

En s'installant dans les bâtiments loués, les Anglais ouvrent un hôpital moderne puis en 1963 une école afin de répondre à des demandes grandissantes. On dénombra en effet jusqu'à 6000 élèves. La communauté des élèves de Kent School est d'ailleurs toujours vivace.

Classé, le site n'a aujourd'hui pas encore trouvé de nouvelle mission à remplir puisque le retrait progressif des alliés l'a petit à petit vidé de sa population.

Même l'ancien cimetière reconverti en 1988 en mémorial pour les victimes du programme d'euthanasie nazi tombe aujourd'hui en friche.

À croire qu'à trop vouloir aller de l'avant, les temps en soient à oublier leur passé.

Kent School, Hostert, Rhénanie-du-Nord-Westphalie, Allemagne

Kent School, Hostert, Rhénanie-du-Nord-Westphalie, Allemagne

L'institut médico-légal

Entre la mort et l'oubli,
le corps doit parfois subir
des tests
Avant de pouvoir gésir.
Dans la quiétude de la légalité.
Thanatos vient au secours de la logique.

Ainsi, au moindre soupçon s'immisce la science.
Auxiliaire de la justice, elle incise, pèse et mesure.
Use de son attirail acéré, en appelle à l'acier pour rechercher la vérité.
Sous les lueurs des scialytiques s'agitent les médecins légistes et leurs assistants.

Pourquoi donc ce défunt a-t-il fait défaut si tôt à ses alter ego ?
Loin des rites ésotériques et des liturgies funèbres, le praticien travaille en asepsie sur un sujet qu'il ne guérira pas.
Les lèvres de son patient restant closes, sa démarche doit être rigoureuse pour parvenir à faire parler les chairs.

L'examen se doit d'être réussi. Les candidats au passage se pressent presque au portillon pour obtenir leur certificat.

Protégé par les sépultures qui l'entourent, l'institut médico-légal de Schoonselhof aurait pu lui aussi reposer en paix. Pourtant, son emplacement lui a été retiré.

Personne ne possède vraiment de concession à perpétuité.

L'institut médico-légal, Anvers, Belgique

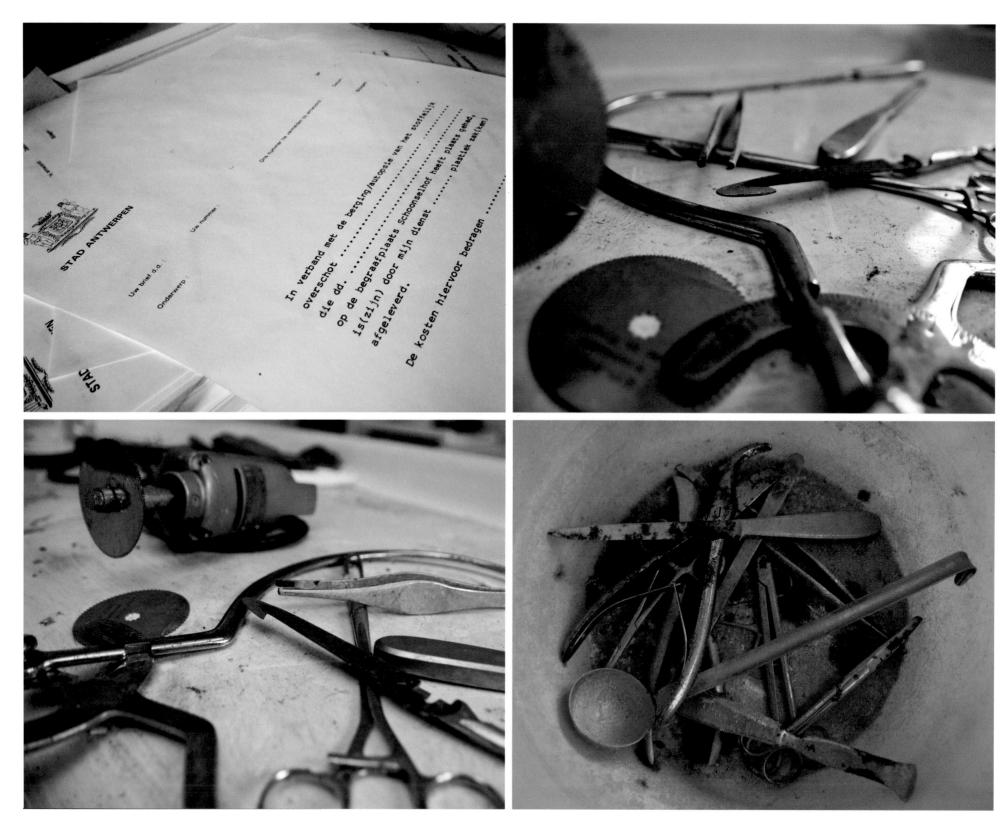

L'institut médico-légal, Anvers, Belgique

L'institut médico-légal, Anvers, Belgique

L'institut médico-légal, Anvers, Belgique

L'église Saint-Vincent

Conservons foi.

Le temps passe sur les êtres et les choses.

Factice prélude à de plus profondes célébrations.

Vacuité ?

Si la désertion n'était qu'illusoire ?

Propice au recueillement des âmes égarées,
Encore trop peu éthérées pour s'élever.
Adeptes des liturgies silencieuses.

Le bruit étant siège de vaine agitation,
Écartant les esprits d'une divine transcendance, cette église représente la plus parfaite incarnation de la Communion.

Seule offerte aux éléments, elle n'est plus façonnée que par le vent, la pluie,

Le temps.

L'être humain ne viendra plus perturber son atmosphère.

L'église Saint-Vincent, Pays-Bas

L'église Saint-Vincent

Offerte à d'autres, elle ne s'encombre plus de ces présences bavardes et altières.

Tout semble pourtant en ordre pour débuter le rituel.

À quelle heure sonnera le prochain office ?

Quel sera le thème du prêche ?

Le visiteur accidentel, brebis égarée, a intérêt à se montrer discret.
Qui sait, avec un peu de patience, d'éveil et d'attention, percevra-t-il la manifestation d'une pieuse présence.

Harmonie feutrée,
une goutte est tombée.
Ce bruit lointain, est-ce une personne qui prie, se console ?

Non, juste un pigeon qui s'envole.

Quoique...

L'église Saint-Vincent, Pays-Bas

L'église Saint-Vincent, Pays-Bas

L'église Saint-Vincent, Pays-Bas

L'hôpital psychiatrique de West Park

À la fin du XIXe siècle, on comptait dans les faubourgs de Londres onze hôpitaux psychiatriques capables d'accueillir 2000 patients.

Alors que leur architecture extérieure victorienne reflétait l'époque, leur organisation évolua avec le début du XXe siècle.

Construit entre 1912 et 1914, West Park a ainsi été conçu selon des plans de type Échelon. Les services, non mixtes, sont répartis par pathologie dans des pavillons suivant la forme d'une pointe de flèche enserrant un large corridor central.
Ils sont tout de même reliés entre eux par des couloirs de communication. Les bureaux administratifs sont fichés au centre de ce vaste dédale.

L'ensemble constitue un véritable village au fonctionnement autonome : cuisine, laverie, chaudière, château d'eau… Durant quelques années, les visiteurs pourront même emprunter un tramway pour parcourir l'étendue du site.

Les thérapies sont adaptées aux pathologies les plus diverses : épilepsie, schizophrénie, crises aiguës ou soudaines bouffées délirantes.

À chaque mal son remède, selon l'air du temps.

L'hôpital psychiatrique de West Park

La politique de Margaret Thatcher dite « Care in the Community » marque un tournant pour le système de santé britannique.
Elle déclenche notamment la fermeture d'asiles dans tout le pays.

De nombreux internés sont alors priés de se faire prendre en charge ailleurs.

West Park se vide peu à peu.

Il ferme définitivement ses portes au milieu des années 1990.

Le site continue toutefois à recevoir des visites sporadiques d'anciens patients, de squatters ou de pilleurs.

On ne connaîtra jamais le responsable, mais c'est bien l'un de ces curieux qui en 2002 a provoqué l'incendie qui a détérioré le théâtre de l'hôpital.

Les années s'écoulent, West Park s'autodétruit.

Le rythme ne satisfait toutefois pas les autorités qui décident de prendre les choses en main : c'est sous les roues des pelleteuses que s'achèvera la vie de l'asile.

Le réfectoire

Les cuisines

L'hôpital psychiatrique de West Park, Epsom, Surrey, Angleterre

L'hôpital psychiatrique de West Park, Epsom, Surrey, Angleterre

L'hôpital psychiatrique de West Park, Epsom, Surrey, Angleterre

Encore un petit tour

La berline ne demande qu'à être remplie de nouveau.
Pour la galerie, ce n'est pas le choix qui manque.

Les chevalements se dressent encore au-dessus des puits,
dominant Cheratte de toute leur hauteur.

Bottes, masque, rivelaine.

L'équipement, au grand complet, semble nous attendre
dans la salle des pendus.
Berlines contre lampes et ça pourrait être reparti.

Dans la cage, à regarder le ciel se réduire en un simple
point clair, loin au-dessus des casques allumés.
Tous les « bons pour le fond » s'y mettraient.

Et on pourrait encore en trouver.
De la veine.

C'est pourtant ce qui a manqué aux mineurs de 1970,
qui ont vu leur charbonnage fermer après un siècle à
descendre pour creuser, piquer, haver, extraire.

La mine de Cheratte, Cheratte, Province de Liège, Belgique

La mine de Cheratte

Quelques années plus tôt, ils étaient pourtant 1500 à œuvrer sur le carreau ou dans les profondeurs.

Tous concentrés sur le précieux minerai.

Une génération et ce passé s'est dissous.

Le béton et la brique des constructions néomédiévales commencent à accuser l'absence des raccommodeurs.

Les rares visiteurs sont souvent des pilleurs.

Le métal disparaît, les douches sont décarrelées.

Le patrimoine, laissé en friche, disparaît.

Bientôt, les soutènements lâcheront, les treuils, les fours et le matériel seront engloutis parmi les voies effondrées.

Mais au fond, n'est-il pas normal que la terre veuille récupérer un peu de ce qu'on lui a arraché ?

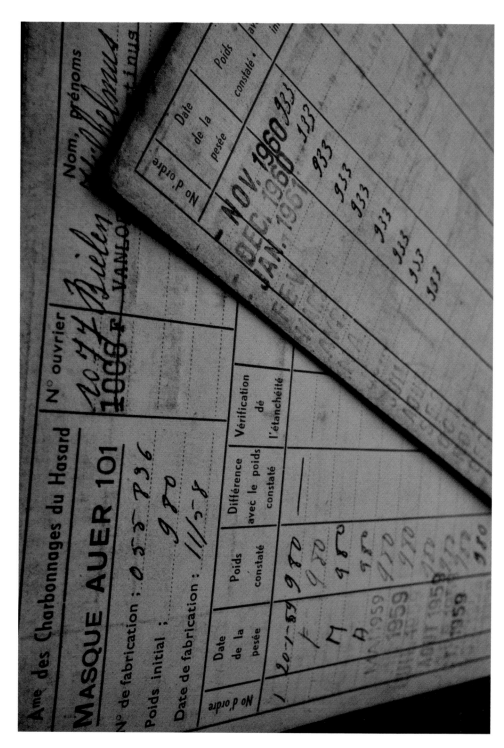

La mine de Cheratte, Cheratte, Province de Liège, Belgique

Les jetons des mineurs

La salle de pesée des masques à gaz

La mine de Cheratte, Cheratte, Province de Liège, Belgique

La mine de Cheratte, Cheratte, Province de Liège, Belgique

La mine de Cheratte, Cheratte, Province de Liège, Belgique

Dans la mine

La mine de Cheratte, Cheratte, Province de Liège, Belgique

La crypte

Je me souviens.

Du passé malheureux comme des jours de gloire.

Devise d'une nation ou de corps voués à disparaître ?

« Nous avons constaté que cette concession était en état d'abandon. Si dans un an et un jour l'entretien n'a pas été fait, nous exhumerons le cercueil et remettrons l'emplacement à disposition.
Vu le gardien, le 01/10/1953. »

Quand les proches se sont faits discrets.

Quand même les employés ont oublié que dans quelque recoin d'une crypte gisait un corps abandonné sous quelques ornements funéraires surannés, le caractère péremptoire de certaines dispositions administratives peut sembler dérisoire.

N'est-il pas ?

La crypte, Québec

La crypte, Québec

La crypte, Québec

La maison de correction de Vilvoorde

La correction.

Elle a été imposée à Vilvoorde en 1779 sous le règne des Pays-Bas autrichiens.

C'est une construction aussi géométrique que peu esthétique : un large bâtiment parallélépipédique divisé en plusieurs sections.

Jusqu'à 12 000 clochards, ivrognes, prostituées, tous ceux que la société de l'époque tient pour nuisibles sont entassés sur quatre étages.

L'intérieur de la prison est primitif, le traitement de même.

Les cellules voûtées ont de fines meurtrières pour seule source de lumière.

Une perpétuelle pénombre règne sur les couloirs qui mènent aux nombreuses salles de travail.

Secondairement, femmes, hommes et enfants seront séparés.
Bien-être tout relatif...

Tous purgent de longues peines.

La maison de correction de Vilvoorde, Vilvoorde, Bruxelles, Belgique

La maison de correction de Vilvoorde

La rééducation passe par le labeur, les travaux forcés sont quotidiens.

Les détenus transforment le chanvre, la laine, le coton, revendus comme produits artisanaux.

Au XIXe siècle, l'édifice sert brièvement d'hôpital militaire avant de retrouver ses fonctions premières.

En 1914, l'armée en fait une caserne avant de l'utiliser, une fois encore, en centre de rétention.

L'occupant allemand le fera à son tour pendant la deuxième guerre mondiale.

Propriété de l'autorité martiale jusqu'en 1977, la construction ne servira plus que de lieu de stockage avant d'être laissée à l'abandon.

La ville la récupère en 1981, mais il faudra patienter jusqu'en 2006 pour que les geôles soient classées en monument historique.

La réhabilitation peut commencer.

Bientôt, les touristes pourront frissonner à la lecture des graffitis reflétant le gris quotidien des forçats de la Correction.

La maison de correction de Vilvoorde, Vilvoorde, Bruxelles, Belgique

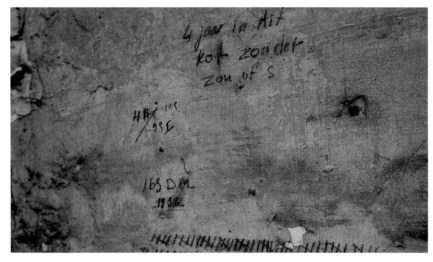

Germaine et Jean rompirent leurs amours le 4/9/1925

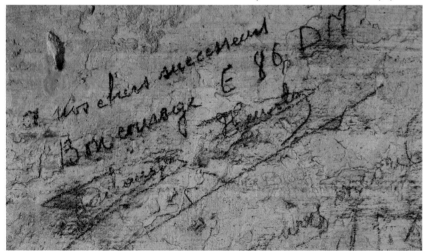

A mes chers successeurs, bon courage (1886)

Le zodiaque de 1865

La maison de correction de Vilvoorde, Vilvoorde, Bruxelles, Belgique

La maison de correction de Vilvoorde, Vilvoorde, Bruxelles, Belgique

La Centrale des Douze Singes

Baltimore Maryland.
Westport.

Rasé.
Défriché, aplani.
Désert.
Comme si un virus s'était propagé.
Avait contaminé les immenses locaux de la centrale électrique pour les faire disparaître.

De ce géant d'acier et de béton, il ne reste rien.
Pas plus que du réseau ferré qui le traversait et permettait d'alimenter les silos en charbon.
Il paraît qu'il y avait des turbines, plus grandes que des automobiles.
Des alternateurs, tonnerre de vapeur.

À sa construction, en 1906, ses proportions colossales avaient fait de cette centrale la plus grande jamais construite.
Tout ça, à jamais disparu.

On pourrait soupçonner la corrosion, mais non.
La rouille ne peut accomplir si rapidement - et si complètement - une telle œuvre de destruction.
Chirurgicale.

Des preuves, nous en avons.

La Centrale des Douze Singes

Quand, en 1995, Terry Gilliam utilise ce lieu abandonné comme décor pour son film, les murs sont encore debout.

Le mal a donc agi a posteriori.

L'homme serait-il le vecteur ?
L'agent à l'origine de son extinction ?

Le fait est qu'en 2008, ce monstre de métal n'est plus.

Un jour à ce même endroit se dressera sûrement un hôtel ou un parc d'attractions, bordant les eaux de la baie de Baltimore.

Promeneurs et passants se souviendront-ils qu'ici se dressait une centrale électrique, fierté de la Baltimore Gas and Electricity ?

Il y a peu de chances.

À moins qu'on puisse voyager dans le temps pour élucider ce qui s'est réellement passé...

La Centrale des Douze Singes, Baltimore, état du Maryland, États-Unis

La Centrale des Douze Singes, Baltimore, état du Maryland, États-Unis

-167-   La Centrale des Douze Singes, Baltimore, état du Maryland, États-Unis

Le château de Noisy

La croisée des chemins.
D'hier à demain.
Noisy aura accueilli des nobles individus, tout comme des sans-logis.

Qu'en aurait pensé l'aristocratie qui, après son expulsion du château voisin par les sans-culottes, s'était consolée en construisant cette immense bâtisse néogothique ?

Le château Miranda subira les aléas des époques qu'il traversera.
À commencer par sa réalisation. Malgré un siècle de travaux, il n'atteindra jamais les objectifs pensés par son architecte.

Qu'à cela ne tienne ; sa majesté, sa haute tour horloge, ses 550 fenêtres, des pièces richement ornées, tout de parquet et marbre imposent le respect.

La famille du comte Liedekerke de Beaufort s'y repose sans honte durant ses congés estivaux.

Cette résidence attire.
Les meilleurs comme les pires.
C'est ainsi que durant la guerre, elle sert de résidence aux occupants allemands.
Les conflits ne sont pas éternels.
Tout comme passent les privilèges et les grâces muent les habitudes et leurs traces.

Une décennie après la libération, le château sert de colonie à une centaine d'enfants d'employés de la compagnie nationale ferroviaire belge.

Le château de Noisy, Celles, Province de Namur, Belgique

Le château de Noisy

La fontaine d'antan sert de bassin aux apprentis nageurs.
Le parc résonne des cris des footballeurs en herbe.

Mais la bâtisse peine à s'adapter à ses turbulents occupants.
Vingt années à garder des enfants.
Est-ce suffisant ?

Le contrat liant la propriété à la SNCB n'est pas renouvelé,
le comte retrouve ses murs et la propriété le calme.
Pour un temps.
Car l'époque où l'on pouvait garder un tel édifice pour soi
est bien révolue.

M. de Beaufort en est à nouveau réduit à louer son château.
Séminaires, classes de découverte, lieu de tournage...
Noisy devient une charge, un souci.

En 1990, faute de repreneurs et d'appuis financiers, le comte
ne peut plus assurer le maintien en état de sa propriété.
Il pose la clef sous la porte.

Elle sera cette fois franchie par des squatters, vandales et
voleurs.
Incendies, pillages, en quelques années le château Miranda
se transforme en une ruine, coquille vidée de son contenu,

Et il y a fort à parier que l'horloge aujourd'hui arrêtée ne
redémarre jamais.

Le château de Noisy, Celles, Province de Namur, Belgique

Le château de Noisy, Celles, Province de Namur, Belgique

Le château de Noisy, Celles, Province de Namur, Belgique

Le château de Noisy, Celles, Province de Namur, Belgique

Le château de Noisy, Celles, Province de Namur, Belgique

Le château de Noisy, Celles, Province de Namur, Belgique

La caserne de Krampnitz
Krampnitz, Potsdam, Allemagne

Un peu d'entraînement ?
Krampnitz est là pour vous aider à mieux vous porter.
Ici, pas de discrimination : les soldats du 3e Reich l'ont construit, l'armée soviétique en a profité jusqu'en 1992.

Dans un esprit toujours ludique, toutes les activités propres au développement des corps y sont praticables : hand-ball, basket-ball, tir.

Notre dernier reporter a d'ailleurs pu s'adonner à la course à pied grâce à nos facétieux entraîneurs en uniforme qui lui ont spontanément proposé une partie de cache-cache.

Le cadre a été pensé dans le même esprit.
Vous serez ainsi sûrement émerveillés par les nombreuses peintures égayant les murs.

Sachez qu'elles ont été réalisées par la crème des artistes officiels germaniques des années 1940.
Quant aux repreneurs russes, dont on reconnaîtra facilement l'architecture, ils se sont eux aussi tout naturellement permis d'illustrer leurs constructions par des fresques qui redonnent du cœur à l'ouvrage.

Vous vous sentez paresseux, engourdi ou fatigué ?

Krampnitz sera le remède à votre oisiveté.

La caserne de Krampnitz, Krampnitz, Potsdam, Allemagne

La caserne de Krampnitz, Krampnitz, Potsdam, Allemagne

La caserne de Krampnitz, Krampnitz, Potsdam, Allemagne

La caserne de Krampnitz, Krampnitz, Potsdam, Allemagne

La caserne de Krampnitz, Krampnitz, Potsdam, Allemagne

Quand la famille della Torre de Tassi, issue de la noblesse italienne, s'installe en Autriche, elle devient Thurn und Taxis. L'histoire de sa dynastie commence à s'écrire.

Dès le XIIIe siècle lui vient l'idée d'organiser le transport du courrier.
Avec l'essor de cette activité naît une véritable poste internationale.
Les échanges créent les relations. La famille s'exporte elle aussi dans toute l'Europe.

François de Taxis est l'un des promoteurs de ces activités messagères.
Il habite Bruxelles, à proximité du port et de la jonction du canal de Willebroek avec celui de Charleroi.

Cette situation stratégique va faciliter la croissance rapide de son service et donc du site.

Au XVIIe siècle, la famille déménage son siège en Autriche. Qu'importe, en Belgique, l'emplacement s'est ancré dans le décor.

Le XIXe siècle voit la fin du monopole du service du courrier. Les Thurn und Taxis décident de revendre le lieu.

La ville l'achète et francise son nom en Tours et Taxis.

On y a échangé ?

Cela va continuer.

Tours & Taxis

Des entrepôts se bâtissent, des hangars y poussent pendant que la voie ferrée vient faire le lien entre la terre et la mer.

Pour réguler le trafic, la douane s'installe dans une respectable construction de brique et de pierre trônant au cœur du site.

Thurn und Taxis s'étend désormais sur 37 hectares et devient au début du XXe siècle un des plus importants sites de transit du pays.

Le libre-échange européen y est peut-être pour quelque chose.

Mais les activités naguère primordiales du poste de douane deviennent caduques avec la levée des barrières.

Il est condamné à fermer ses larges portes.

Victimes de l'évolution des moyens de transport, les bâtiments alentour sont contraints à faire de même les uns après les autres.

Ironie du sort, la poste sera la dernière à maintenir ses activités.

Elle déménage finalement en 1987.

Tour et Taxis reste désaffecté pendant dix ans.

En 2007, il entame une nouvelle vie sur l'héritage de l'ancienne : les vieilles constructions, pleines de souvenirs sont réhabilitées en lieu de développement pluriculturel.

Encore une histoire d'échanges.

Le château d'eau et la centrale électrique

Tours & Taxis, Bruxelles, Belgique

Tours & Taxis, Bruxelles, Belgique

Le Cinéma-Théâtre Varia *Jumet, Province du Hainaut, Belgique*

Silence !
L'histoire commence...
Au détour d'une petite rue.

Pas besoin de plus d'espace pour que cet édifice prenne pleinement place sur la scène carolorégienne.

En guise d'accroche, une façade béton, armée d'un balcon monumental.

Bienvenue au cinéma-théâtre Varia.

À lui seul, déjà prometteur de spectacles de grande ampleur.

Pourtant, quand on s'approche, on sent bien que quelque chose cloche.

Fin de séance ?

C'est maintenant sur la porte et non plus sur le plateau que se dressent les planches.

Depuis 1910, ce bâtiment avait pourtant eu sa chance.
En 70 ans, au moins trois générations ont défilé devant son fronton.

Plus attirée par les opérettes ou les films à l'affiche (le dimanche, c'est deux places pour le prix d'une !) que par sa façade Art nouveau, la population de Charleroi, alors en pleine effervescence, s'y donnait volontiers rendez-vous.

Le Cinéma-Théâtre Varia, Jumet, Province du Hainaut, Belgique

Le Cinéma-Théâtre Varia

Une pièce pour se rencontrer, un entracte pour en parler.

L'obscurité d'un film pour confirmer les affinités.

Sans le savoir, ces spectateurs, souvent mineurs ou sidérurgistes, se forgeaient ce qui allait devenir des souvenirs.

Car en 1986 sonne le glas des artifices.

Écrans et pendrillons sont remisés pour de bon.

Recouvertes les peintures multicolores. Masquées les moulures lyriques et dorures baroques.

Passage à la subculture.

Décadence ?

Le théâtre se transforme brièvement en piste de danse.

Il ne suffit pas que sa façade soit classée pour qu'une discothèque puisse subsister.

Les portes sont définitivement fermées.

La pénombre enveloppe le plateau.

Et si le béton armé sait résister aux flammes, il ne peut rien contre le temps.

La scène se pare d'albâtre.
Le salpêtre recouvre le théâtre.
Arriverions-nous au terme de l'histoire ?

Le rideau rouge, encore guindé sur son cintre risque de perdre patience.

Si ces dernières années ont vu se proposer plusieurs projets de reconversion, cela fait longtemps que dans la région, ça ne tourne plus rond...

Au tournant des années 2000, l'Institut du Patrimoine Wallon propose d'y créer le Centre des Arts scéniques, mais le chantier sera suspendu, faute de budget.

Espérons que ce ne soit pas la dernière fiction montée au Varia.

Le Cinéma-Théâtre Varia, Jumet, Province du Hainaut, Belgique

Le Cinéma-Théâtre Varia, Jumet, Province du Hainaut, Belgique

Le Cinéma-Théâtre Varia, Jumet, Province du Hainaut, Belgique

Le Cinéma-Théâtre Varia, Jumet, Province du Hainaut, Belgique

Le Cinéma-Théâtre Varia, Jumet, Province du Hainaut, Belgique

Le studio de synchronisation

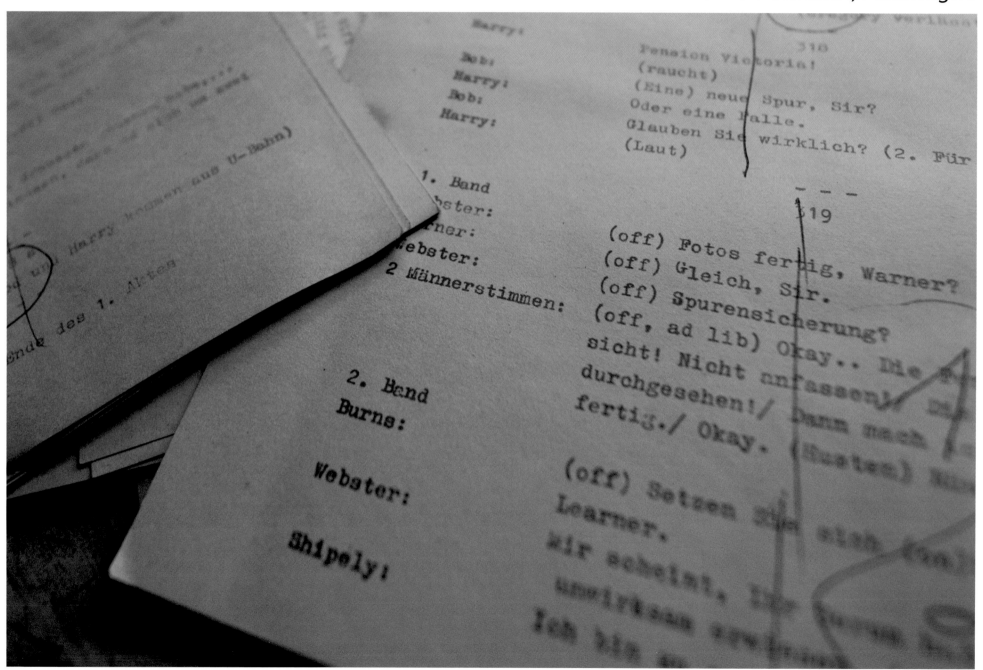

Immersion dans la vallée de Calmuth.

Une production de l'International Film Union, soutenue par UGC.

L'histoire débute en 1947.
Elle prend pour décor l'ancienne propriété des Jeunesses du Reich, futures jeunesses hitlériennes et raconte le destin de la plus réputée des entreprises cinématographiques de synchronisation ouest-allemande.

À l'origine, l'ambitieux projet prévoyait régie, salles de projection et de spectacle, cabine de doublage et de montage et des installations pour l'accueil et le séjour des acteurs.

Pour des raisons financières, le tout sera revu à la baisse.

Plus de 800 films y seront néanmoins doublés en de nombreuses langues.
Au générique, Romy Schneider, Harald Juhnke, René Deltgen...

Une brève ellipse et l'on se retrouve dans les années 1960 :
Le travail ne manque pas à L'International Film Union.
La copie de bandes en cellulose, inflammable, sur support ignifugé vient compléter le panel des activités.

600 000 films sont ainsi dupliqués chaque année.

Le studio de synchronisation

En 1967, l'auto-combustion de nitrocellulose provoque une explosion qui détruit une grande partie des bobines stockées à Calmuth.

Les dégâts sont inestimables.

Comme l'emplacement au cœur de la forêt assure le calme et que les prises de son peuvent s'y réaliser de façon optimale, les commandes continuent à affluer avant de décroître peu à peu.

Les travaux effectués vont alors se raréfier.
En 1996, les copies sont arrêtées.

La dernière séquence voit commencer le délitement du matériel et des lieux.

Le dénouement n'est toutefois pas tragique : rachetés par un riche propriétaire, les locaux seront transformés en propriété de chasse.

Le début d'une autre histoire.

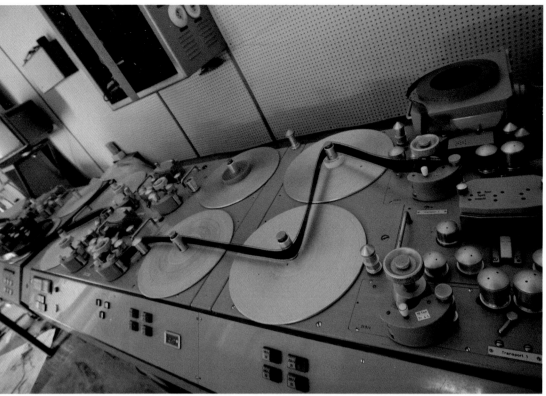

Le studio de synchronisation, Rhénanie-Palatinat, Allemagne

Le studio de synchronisation, Rhénanie-Palatinat, Allemagne

Le studio de synchronisation, Rhénanie-Palatinat, Allemagne

Le studio de synchronisation, Rhénanie-Palatinat, Allemagne

Le château de Mesen Lede, Province de Flandre-Orientale, Belgique

Je maintiendrai.
La devise du lieu.
La mémoire des aïeux.
Quatre siècles de constructions en proie au déclin.
Sommaire opposition au raffinement châtelain.
Qu'en penserait la famille Bette ?

M. le marquis lui-même avait sollicité la maîtrise des plus habiles architectes italiens pour orner le château de Mesen et les multiples dépendances dispersées dans les 7 hectares du parc.
Époque révolue ?

Le XIXe siècle prône l'utilitarisme.
La taille imposante des soupiraux donne des idées industrieuses.
Dès 1791, le bâtiment sert de cadre aux productions locales.
Alcool, tabac, sucre raffiné...
En 1897, l'ordre de Saint-Augustin rachète la propriété et ouvre une nouvelle page d'histoire : fin des activités de production.

Ce sont les têtes des jeunes filles alentour qui vont être façonnées.
Le lieu en impose.

Il faut marquer son territoire pour s'y imposer à son tour.
Les Dames chanoinesses décident d'y bâtir un édifice à la mesure de sa grandeur.

En 1905 est érigée la respectable chapelle néogothique.
Le lieu est désormais spirituel.

Le château de Mesen

Après 1918, l'institut royal de Messine s'y installe.
Fondé à l'origine par Madame de Maintenon, il prône une éducation laïque, élitiste et rigoriste pour les jeunes filles de bonne famille.
Bienséance envers l'étiquette.
Les cours se font uniquement en français.
Révérences, formalisme.

En 1970, le pensionnat dont le modèle est devenu désuet ferme ses portes.
Il tombe aux mains du ministère de la Défense.
L'habitation, habituée à de nobles fréquentations rate-t-elle son ultime mutation ?
Le nouveau propriétaire, inapte à satisfaire ses coûteuses exigences, laisse le château dépérir.
Il devient officiellement protégé en 1974, mais une erreur administrative lui fait perdre ce statut un an plus tard.

Son déclin devient inexorable.
Les ronces envahissent l'Orangerie.
Les boiseries intérieures pourrissent.

Le château glisse lentement vers son état actuel.
Ruiné.
Il se maintient pourtant quand tombe en 2007 l'annonce de sa démolition.
L'opulence est passée.

Reste à attendre dignement les derniers visiteurs :
Les bulldozers.

Le château de Mesen, Lede, Province de Flandre-Orientale, Belgique

Le château de Mesen, Lede, Province de Flandre-Orientale, Belgique

Le château de Mesen, Lede, Province de Flandre-Orientale, Belgique

Le château de Mesen, Lede, Province de Flandre-Orientale, Belgique

Le village olympique de 1936

Wustermark, Brandebourg, Allemagne

Berlin remporte en 1931
Le droit d'offrir aux athlètes du monde entier un terrain de jeux olympique
Pour les J.O de 1936.

La ville se lance dans la construction de structures pharaoniques. Elles permettent aux 4000 sportifs sélectionnés de concourir mais aussi de se reposer dans les meilleures conditions.
5 ans pour voir les choses en grand.

Entre-temps, le pays a vendu son âme au national socialisme.
Le nouveau régime voit dans ces jeux l'occasion de montrer sa puissance au monde.
Pour réussir un tel projet, il va mobiliser toutes les ressources disponibles dans un pays pourtant en crise.
Un stade de 120 000 places est ainsi érigé.

Hébergés sur le site de Wustermark, à l'ouest de Berlin, les compétiteurs sont choyés.
Le terme de village olympique n'est pas usurpé car les 145 bâtiments construits pour l'occasion forment un véritable espace urbain organisé autour du sport et de la détente. Cette ville-champignon abrite un hôpital spécialisé, des magasins, une salle de cinéma, un théâtre, une bibliothèque et de nombreux endroits où se restaurer. L'hébergement se fait en chambres individuelles, toutes personnalisées et équipées du confort le plus moderne.

Des installations sportives sont aussi pensées pour permettre aux athlètes de s'entraîner jusqu'au dernier moment.

Le village olympique de 1936, Wustermark, Brandebourg, Allemagne

Le village olympique de 1936

Les jeux comptant 129 épreuves, la demande est grande. Elle est satisfaite grâce aux nombreuses salles d'entraînement bâties au sein même du village.
Une piscine permet même aux nageurs de s'exercer et aux autres de se détendre avant une séance de sauna !

La construction puis le fonctionnement de cet ensemble architectural, en forme de fer à cheval sont placés sous la responsabilité de Wolfgang Fürstner.
On aurait pu parler de conditions rêvées si l'on n'avait pas connu la suite de l'histoire.
Descendant de juif, Wolfgang Fürstner est démis de ses fonctions durant les jeux. Il se suicidera deux jours après la fin des olympiades.

Trois mois plus tard, le village sera reconverti en école militaire.

Après guerre, il conserve son caractère martial, cette fois au service des forces soviétiques puis sera peu à peu abandonné avec l'effondrement du bloc de l'Est.

Aujourd'hui, seuls quelques éléments ont été réhabilités.

Le reste a rejoint les brumes de son passé douteux.

Le réfectoire

Le village olympique de 1936, Wustermark, Brandebourg, Allemagne

Le village olympique de 1936, Wustermark, Brandebourg, Allemagne

Le village olympique de 1936, Wustermark, Brandebourg, Allemagne

Le gymnase
Le village olympique de 1936, Wustermark, Brandebourg, Allemagne

Le cloître de Malines

Frères prêcheurs, le couvent de Malines est vraiment nôtre :
En le dépouillant de son faste premier, la vétusté en a fait
un symbole de notre ordre mendiant.

Dès le XVIIIe siècle et notre départ forcé, beaucoup ont
voulu l'investir.

Sans succès.

D'autres religieux s'y sont installés, des militaires français
y ont basé leur hôpital, ils n'ont pu y rester.

En 1977, ils ont levé le camp.

La poussière s'y est progressivement déposée, le parant d'une
couche blanche, semblable à une tunique de Dominicains.

Depuis, personne n'a pu y revenir pour mener à bien ses
ambitions.

Il faut donc louer cette décadence, elle est le reflet du
ralliement à la parole de saint Dominique.

Le cloître de Malines, Malines, Province d'Anvers, Belgique

Le cloître de Malines, Malines, Province d'Anvers, Belgique

Le cloître de Malines, Malines, Province d'Anvers, Belgique

Gary, Indiana

Le destin mouvant d'une ville centenaire.
Lorsque la compagnie américaine des aciéries installe son siège dans ce recoin de l'Indiana, elle initie l'essor d'une nouvelle cité qui prend tout naturellement le nom de Gary, patronyme de son président.

L'acier prospère, la ville aussi.

L'embauche y est facile, l'autoroute des dunes qui relie Chicago à Detroit draine les voyageurs.

La population afflue.
La cité métissée comptera jusqu'à 200 000 personnes.

Parmi eux, Joseph et Katherine Jackson.
Lui, ouvrier et elle, femme au foyer, élèvent tant bien que mal leurs neuf enfants.
Le septième, le petit Michael Joseph, pousse parfois la chansonnette avec ses frères et sœurs.
Durant toute sa carrière, le grand Michael Jackson se rappellera sa ville natale.

Une industrie florissante, des voies de communication développées, des célébrités...
Qui pourrait croire que la métropole est un désert en devenir ?

Dans les années 1960, la sidérurgie locale commence à souffrir de la concurrence.
La United States Steel Corporation délocalise, laissant la main d'œuvre locale sur le carreau.

Gary, Indiana

La population blanche, souvent plus aisée, s'en va tenter sa chance ailleurs. C'est le white flight.
Ceux qui restent doivent affronter une économie qui périclite.
Le marché parallèle s'amplifie, la criminalité s'installe.
Gary décroche la palme de la ville la plus dangereuse des États-Unis.
L'éducation régresse.

Après les bâtiments industriels, les lieux de culture vont fermer à leur tour, victimes d'une fréquentation en récession.
Des quartiers entiers sont vidés de leurs habitants.
Les derniers fidèles, désabusés, ne croient plus en la rédemption.
Ils abandonnent leur église qui finit par s'effondrer, faute d'entretien régulier.

L'agglomération est mourante.
Va-t-elle s'enfoncer dans le sable sur lequel elle est posée ?
Dans les années 2000, on veut encore y croire.
L'aéroport est restauré, les investissements sont encouragés tandis que la municipalité revendique une politique volontariste pour endiguer la délinquance.

On diversifie les activités pour tenter d'oublier le passé et se tourner vers un avenir que l'on espère meilleur.

Reste que Gary, ville semi-fantôme aura beaucoup de mal à se débarrasser des spectres qui la hantent encore.

Downtown Gary

Le Palace Theater annonce toujours les Jackson Five

Palace Theater

Le bâtiment « Standard Liquors »

L'entrée de l'opéra de Gary

Gary, Indiana, état d'Indiana, États-Unis

La station de métro Saint-Martin

L'heure de pointe est finie !
Du moins, on dirait.
À en juger par les quais déserts.

Un métro passe.

Mais pas le temps.

Au croisement d'une des plus anciennes lignes de la capitale, l'affluence devrait être au rendez-vous.

Pourtant, tout reste figé.

Les réclames, entre faïence et papier défraîchi témoignent d'un temps révolu.
Le temps où plus de trente mille voyageurs y transitaient à chaque heure.

Un métro passe.

Il arrive parfois que les rôles s'inversent.
Certains relais ont effectivement été transportés ailleurs, fusionnés ou recyclés pour des utilisations diverses.

D'autres gares n'ont jamais été ouvertes ou, isolées, elles n'ont jamais pu voir le moindre wagon longer leurs quais.
Celle-ci a été fermée pendant la guerre.

La station de métro Saint-Martin, Paris, France

La station de métro Saint-Martin

Rouverte quelque temps plus tard et quoique abondamment fréquentée, elle fut condamnée en raison de la proximité des arrêts suivants à devenir spectatrice du trafic de la RATP.

Reste pour l'animer la visite éphémère d'un tagger ou d'un explorateur.
Et l'hiver, les discussions des sans-abri venus se réchauffer dans l'accueil ouvert pour eux près des anciens guichets.

Sortie du quotidien des usagers, cette station intéresse-t-elle encore les Franciliens ?
Sûrement pas plus qu'un métro qui passe...

Le métro passe mais ne s'arrête plus

La station de métro Saint-Martin, Paris, France

La station de métro Saint-Martin, Paris, France

Le manoir d'Uhart-Mixe

Uhart-Mixe, Pyrénées-Atlantiques, France

Le linteau date l'ajout de l'aile sud en 1699

À vendre,
Au cœur d'un charmant village basque.
Immeuble ancien (1518) de 3 étages.

Nombreuses dépendances (tour, pigeonnier classé aux monuments historiques).

Construction régulièrement modernisée (1699 : adjonction d'une aile ; 1833 : surélévation).

Décoration intérieure qui pourrait intéresser les amateurs de peintures rupestres.

Bâtiment fonctionnel pour un usage professionnel (colonies de vacances, cabinet d'avocat...) ou personnel.

Jardin privatif (deux hectares) disposant d'un emplacement propice à une bonne irrigation (il est situé en terre inondable).

Quelques travaux à prévoir (toiture, électricité, isolation, défrichage... estimés à 2 millions d'euros)

N'hésitez pas à consulter les clichés pris par notre agent pour vous faire une idée plus précise de cette offre des plus attractives.

L'affaire du siècle.

Avis aux amateurs !

Le manoir d'Uhart-Mixe, Uhart-Mixe, Pyrénées-Atlantiques, France

Le manoir d'Uhart-Mixe, Uhart-Mixe, Pyrénées-Atlantiques, France

Les peintures de cette salle sont classées aux monuments historiques

Le manoir d'Uhart-Mixe, Uhart-Mixe, Pyrénées-Atlantiques, France

Le manoir d'Uhart-Mixe, Uhart-Mixe, Pyrénées-Atlantiques, France

L'hôtel Monjouste

Si vous passez par la Bigorre,
À la recherche d'air frais.
Arrêtez-vous à l'hôtel Monjouste.

Un petit crochet pour vous rappeler comment c'était d'être enfant,
Avant.

De belles vacances, entre amusement
Et recueillement.

L'endroit idéal pour partir à la découverte de la nature.
Vous avez raté l'isard parti gambader ?

Vous pourrez toujours observer à loisir son cousin
Empaillé.

Ici, on sait consoler les jeunes insatisfaits.

Du calme ?

Prémices d'un doux repos annoncé ?

Si l'on n'entend plus résonner les rires juvéniles.

C'est qu'ici, les vertes années ont depuis bien longtemps fané...

L'hôtel Monjouste, Betharram, Hautes-Pyrénées, France

L'hôtel Monjouste, Betharram, Hautes-Pyrénées, France

L'hôtel Monjouste, Betharram, Hautes-Pyrénées, France -244-

Le château de Rochendaal

Saint-Trond, Province du Limbourg, Belgique

Une histoire de famille.
Ulens.

Une cousine, un cousin.

D'abord lointains, puis qui se rapprochent.

Jusqu'à ce que sonne la noce.

Les deux jeunes mariés peuvent maintenant songer à s'installer.

Fonder un foyer.

C'est ainsi que se bâtit le château de Rochendaal.

L'histoire d'une ville.
Saint Truiden.

M. Ulens en devient le maire. Notable, avocat de surcroît, il se doit de posséder une demeure digne de sa situation. La maison s'enlumine et se pare des ornements du XIXe siècle finissant.

Accueillir les enfants Ulens et leurs descendants aurait pu être la destinée de l'habitation. L'histoire se serait perpétuée paisiblement.

Au lieu de cela, elle rencontre la patrie et devient majuscule.

Le château de Rochendaal, Saint-Trond, Province du Limbourg, Belgique

Le château de Rochendaal

Situé en zone militaire pendant la deuxième guerre mondiale, le logement devient le quartier général des belligérants belges puis allemands.

Base stratégique, il se voit adjoindre trois pistes d'atterrissage, mais conserve son rang en servant de résidence pour officiers.

Le conflit terminé, l'armée de l'air du royaume de Belgique réintègre ses murs et c'est au tour des pilotes et des aspirants de s'y installer.

Fonctionnel, stratégiquement placé, le château sera toutefois déserté en 1996 en raison du coût élevé de son entretien.

Aujourd'hui, les pistes servent encore à l'occasion de terrain de jeu pour les amateurs de sports automobiles tandis que le reste disparaît peu à peu sous le tranquille assaut des végétaux.

Fin de l'histoire ?

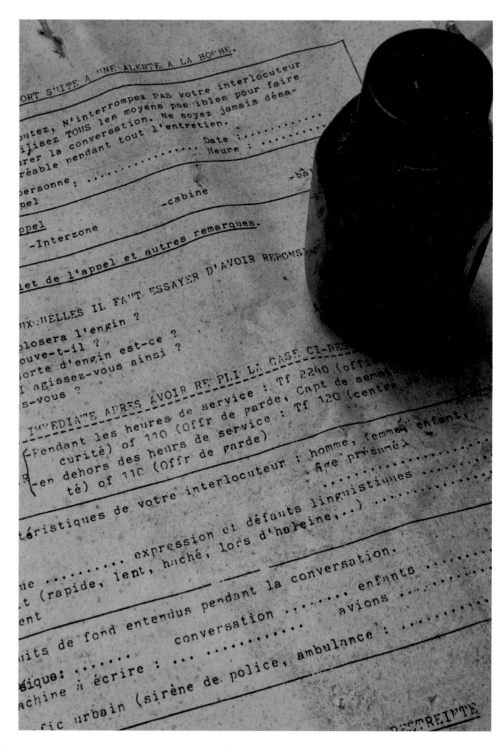

Le château de Rochendaal, Saint-Trond, Province du Limbourg, Belgique

Le château de Portopalo

J'ai rêvé d'un palais.

Perché au sommet d'une falaise, il surplombait la mer de toute sa hauteur.
Son intérieur se jouait habilement de la lumière.
Le soleil chauffait ses murs de pierre ocre. Pourtant, la végétation du patio permettait à la fraîcheur du matin de s'attarder encore un peu.

De part et d'autre du vaste salon se déroulaient de larges escaliers. Ils conduisaient à des terrasses lumineuses dominant l'océan.
Les fenêtres étaient ornées de fer habilement forgé.
Tout semblait calme, paisible.

Tout à coup, le temps s'est accéléré.
Un matin, puis un soir.
Un autre jour,
Puis, le noir.

Quand le soleil s'est levé de nouveau, tout avait vieilli.
Les plantes avaient envahi le jardin.
Les carreaux de l'orangerie étaient brisés.
Tout semblait abandonné, éteint.

Je me suis réveillé et j'ai repris contact avec la réalité :
J'étais dans le château abandonné de Portopalo di Capo Passero.

Le château de Portopalo, Portopalo di Capo Passero, Province de Syracuse, Sicile

Le château di Portopalo, Portopalo de Capo Passero, Province de Syracuse, Sicile

Remerciements

Les auteurs tiennent à remercier particulièrement leurs familles et leurs amis pour leurs constants encouragements tout au long de l'élaboration de cet ouvrage.

Ils tiennent aussi à saluer Martine Azoulai pour la justesse de son regard critique, Alain Labarrère-Brosou pour sa maîtrise linguistique et sa disponibilité et bien entendu Thomas Jonglez pour avoir cru en ce projet.

Sylvain remercie Ann-Charlotte pour sa présence et son soutien permanent, Henk van Rensbergen, Yves Marchand et Tom Kirsch, sources d'inspiration intarissables et tous ceux qui ont contribué de près ou de loin à ce projet : Angelo Stiliaras, Nicolas Elias, Aurélie Selle de la RATP, ainsi que tous ses guides et compagnons d'exploration : Elle Dunn, Vincent Duseigne, Nick et Hilary Santangelo, Paul et Gonnie Tieman, Seth Thomas...

David remercie Céline pour son indéfectible support psychologique et culinaire, la communauté des développeurs libres pour leurs outils et bien entendu Sylvain pour lui avoir permis de prendre part à ce beau projet.

Photos :
Toutes les photos sont de Sylvain Margaine. Photos de la station de Métro Saint-Martin prises sous l'encadrement et publiées avec l'aimable autorisation de la RATP.

Maquette : Stéphanie Benoit
Lecture-correction : Marie-Odile Boitout, Romaine Guérin, Stéphanie Jonglez et Muriel Mékies

© JONGLEZ 2012
Dépôt légal : février 2012 - Édition 02
ISBN : 978-2-9158-0781-3
Imprimé en France par Gibert-Clarey - 37 170 CHAMBRAY-LES-TOURS